Henri Delaborde

La Gravure
en France

Le savoir
en poche

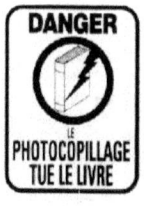

Henri Delaborde

La Gravure en France

Le savoir
en poche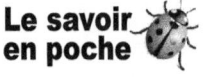

Table de Matières

INTRODUCTION   6

I. — GRAVURE EN TAILLE-DOUCE.   10

II. – GRAVURE A L'AQUA-TINTE, GRAVURE SUR BOIS ET
EN FAC-SIMILE. - PHOTOGRAPHIE.   23

NOTES   34

INTRODUCTION

Il arrive parfois que le mouvement d'un art s'opère dans notre pays en raison inverse du mouvement de l'opinion. Les œuvres sérieuses se produisent au moment où le succès semble exclusivement réservé aux œuvres d'un genre secondaire ou d'un mérite superficiel ; les principes et l'idéal académiques sont-ils au contraire acceptés comme l'unique loi du goût, quelque talent indépendant protestera à l'écart contre ces règles absolues et se développera patiemment en attendant le jour de la réaction. Le fait n'est pas rare, du moins dans l'histoire de la gravure. Les grandes planches consciencieusement gravées, sous le règne de Louis XVI, par Jean Massard et par Bervic, sont en désaccord formel avec le goût de l'époque pour les vignettes et ces mille croquis à la pointe qui s'honoraient du titre de *griffonnis*, comme, au temps de Louis XV, les chefs-d'œuvre de Vivarès d'après les anciens paysagistes démentent avec éclat la mode du paysage galant et des pastorales gravées d'après Eisen et Boucher. Plus tard, lorsque les scènes héroïques captivaient seules l'attention de la foule et qu'on ne jugeait dignes d'être reproduits sur le cuivre que les sujets tirés de l'antiquité grecque ou romaine, Boissieu et quelques artistes formés à son école osaient choisir ailleurs leurs modèles, et restituaient à la gravure de genre une partie de sa valeur et de son charme. Cette anomalie entre les inclinations du public et le caractère de certaines œuvres de l'art se révèle encore aujourd'hui ; seulement, à aucune époque la réaction n'a paru moins prochaine ni la séparation plus radicale. Il ne s'agit plus en effet de froideur momentanée pour un ordre particulier de talents, de prédilection passagère pour telle ou telle nature de sujets. La gravure elle-même, — du moins la gravure au burin, — son opportunité dans le présent, sa signification et sa vie dans l'avenir, voilà ce qui est mis eu question, voilà ce que l'on est bien près de condamner comme une entrave au développement des tendances nouvelles et comme une négation du progrès.

Quelques graveurs en taille-douce, continuent les saines traditions de l'école française et redoublent d'efforts pour lui conserver sa vieille prééminence : nous les regardons faire, non pas même avec la curiosité de gens intéressés par point d'honneur national au succès de l'entreprise, mais avec un sentiment de surprise dédaigneuse et de muette désapprobation. Il semble que l'on doive voir dans ces efforts plus d'obstination que de vrai courage, dans ces témoignages d'habileté l'indice de croyances en retard sur la marche des idées modernes, et nous accueillons les œuvres où se reflètent ces doctrines et cet art d'un autre âge à peu près comme nous accueillerions au théâtre des pièces conformes avant tout à la poétique des tragiques du XVIIIe siècle et à la règle des trois unités.

En retraçant ici même l'histoire des phases diverses que la gravure a successivement traversées [1], nous avons eu occasion déjà d'indiquer l'état actuel de notre école et d'accuser l'indifférence où nous laisse, tant de persévérance et de talent. Certes, rien aujourd'hui n'autoriserait une rétractation à ce propos, et l'on aurait le droit de se plaindre plus vivement encore d'une injustice qui se généralise et qui grandit d'année en année. Ce qu'il était permis d'entrevoir et de pressentir comme un danger possible est devenu un danger manifeste ; jamais conditions aussi défavorables n'ont été faites à la gravure, jamais elle n'a obtenu parmi nous moins d'encouragements ni de crédit, et tandis qu'une sympathie croissante s'attache aux improvisations de la pensée, aux gentillesses du pinceau et du crayon, on n'a pour les sévères travaux du burin que de l'éloignement et de l'oubli. Dans le monde, dans la presse même, qui s'occupe, de cet art en apparence suranné ? nul songe à rendre hommage au zèle des hommes qui le pratiquent encore, à discuter leur mérite, ne fût-ce que pour blâmer le système où ils s'opiniâtrent ? On se contente de réprouver le tout implicitement, quitte à ignorer à la fois la valeur intrinsèque des œuvres, l'habileté relative des artistes qui les ont produites, et jusqu'aux noms dont elles sont signées. À l'exception de M. Henriquel-Dupont, talent hors ligne qui s'est en quelque sorte imposé à l'estime de tous, y a-t-il de notre temps un seul graveur français dont le nom ait acquis une véritable popularité, un seul dont la réputation dépasse, égale même celle du moindre dessinateur de caricatures ? Et cependant, malgré les obstacles de tout genre suscités depuis quelques années au développement de la gravure, notre école est en voie de progrès et se maintient comme autrefois au premier rang. Le nombre et le caractère de ses travaux attestent sa supériorité : nous sommes seuls à la méconnaître, car, dans les autres pays, on recherche, on étudie ces estampes auxquelles nous n'accordons ici qu'un regard distrait, et il n'est pas jusqu'aux Américains, oracles peu sûrs d'ordinaire en matière d'art, qui ne nous donnent à ce sujet une leçon d'équité et de goût. Que l'on rapproche des estampes gravées sous l'empire et au temps de la restauration celles qui ont été publiées à partir du dernier règne jusqu'à l'époque où nous sommes, on verra que, durant cette période et dans les circonstances les plus contraires, la gravure a atteint un degré de perfection que n'avaient pu lui donner les encouragements de toute espèce prodigués au commencement du siècle. Quelle pauvre mine feraient aujourd'hui le grand ouvrage sur l'Égypte, les planches du *Musée Filhol* et la plupart des planches du *Musée Laurent* en regard de ce qui à été gravé depuis lors d'après des modèles analogues !

D'où vient donc qu'un art si loin encore de sa décadence ne puisse réussir à vaincre nos préventions, et que tant de témoignages de talent passent en quelque sorte inaperçus ? La confusion introduite dans nos idées par la découverte de certains procédés mécaniques, d'ailleurs fort étrangers à la gravure, est sans doute une des causes de cette insouciance. On pourrait l'attribuer aussi à l'esthétique frivole que nous avons progressivement adoptée, à l'influence d'habitudes qui ont fini par déterminer complètement nos jugements et nos goûts. D'une part, l'application indiscrète du daguerréotype à des objets qu'il n'appartient qu'à l'art d'interpréter a substitué le culte de l'identité inerte au respect de l'imitation intelligente ; de l'autre, le spectacle de l'art facile nous a désaccoutumés des travaux sérieux. Ici l'à-peu-près nous amuse et nous suffit, et de même que beaucoup de gens se contentent pour toute nourriture littéraire de vaudevilles et de feuilletons, beaucoup de prétendus amis des arts cherchent et trouvent la réalisation de leur modeste idéal dans des vignettes ou dans des recueils de lithographies.

Les tendances générales de la nouvelle école de peinture ne sauraient, il faut bien le dire, nous ramener au culte de l'art sévère et en particulier à l'étude des œuvres du burin. Les conditions de la peinture telles qu'on semble les comprendre maintenant ne sont-elles pas ouvertement en contradiction avec les conditions essentielles de la gravure ? La gravure, sans procéder exclusivement de la ligne comme la sculpture, a cependant pour élément principal l'imitation précise de la forme. Or un dessin inachevé et flottant est devenu à nos yeux une des expressions du talent pittoresque, ou tout au moins la plus excusable des imperfections. Nous faisons bon marché de l'incorrection des contours et du modelé pour priser avant tout dans un tableau l'éclat des tons et les tours d'adresse de la brosse : le moyen de concilier de pareilles inclinations avec le goût pour un art où l'escamotage de la forme est impossible, où tout est forcément accusé et rigoureusement écrit ? Aussi qu'arrive-t-il ? C'est que le plus souvent les graveurs se trouvent contraints de chercher leurs modèles ailleurs que parmi les tableaux contemporains. Sauf M. Ingres, M. Scheffer et surtout M. Delaroche, dont les œuvres ont le privilège d'occuper sans relâche le burin, il n'est aucun peintre de l'école moderne qui voie ses compositions habituellement reproduites par la gravure. M. Horace Vernet, il est vrai, n'improvise pas la moindre esquisse sans que les éditeurs d'estampes s'en emparent aussitôt pour en expédier des copies dans toutes les parties de l'Europe et du monde ; mais ces copies, lestement exécutées à l'aqua-tinte, ne relèvent de l'art que d'une manière fort indirecte. Elles intéressent avant tout le commerce, et l'aqua-tinte réduite, comme elle l'est aujourd'hui, au rôle d'un procédé rapide et économique n'a plus dans notre école qu'une importance industrielle. Il n'en va pas ainsi, tant s'en faut, de la gravure en taille-douce ; par malheur, en s'isolant du mouvement de la peinture contemporaine, elle contredit d'autant plus formellement les instincts du public, et cette réserve qu'elle est forcée de s'imposer ne contribue pas médiocrement à dépopulariser ses produits. Les seules estampes sur lesquelles nos regards s'arrêtent encore sont celles qui, participant ouvertement des tendances actuelles de la peinture, n'ont d'autre fin qu'une séduction passagère, d'autre intérêt qu'un intérêt de circonstance ; les estampes gravées, au contraire, en vertu des règles absolues de l'art et de ses conditions immuables, demeurent sans attrait pour nous, parce que cette méthode savante n'a plus à nos yeux que le caractère du pédantisme.

Les graveurs français contemporains peuvent donc se diviser en deux groupes distincts. Le premier, c'est-à-dire le plus important par le nombre, est formé de tous les artistes qui se servent de la gravure comme d'un moyen de satisfaire le goût à peu près universel pour les œuvres secondaires, amusantes avant tout et intelligibles sans effort. Ces graveurs, qu'on pourrait appeler les feuilletonistes de l'art, retracent avec plus ou moins de succès, à l'aqua-tinte ou sur le bois, des sujets ordinairement en rapport avec les inclinations de la foule, et font de la gravure un auxiliaire de l'industrie ou un accessoire de la presse. Le second groupe, plus digne de considération à tous égards, se compose des graveurs qui, en dépit de l'indifférence publique, consacrent encore de longues années aux études difficiles, aux rudes travaux, aux investigations patientes, et qui semblent, à côté de ces improvisateurs, des bénédictins attardés dans le XIXe siècle, ou tout au moins des talents dépaysés. L'école française de gravure n'a, on le voit, ni l'unité de physionomie qui la caractérisait autrefois, ni même aucune sorte d'unité. Chacune des classes d'artistes qui la partagent est elle-même subdivisée à l'infini et ne présente qu'un ensemble de talents individuels, sans corrélation très évidente, sans principe et sans lien communs. On peut toutefois éta-

blir entre les graveurs contemporains une ligne de démarcation gé-
nérale, en séparant les artistes des industriels, et les disciples fidèles
de nos anciens maîtres des hommes qui n'acceptent pour toute tradition que les exemples donnés hier. En regard, on plutôt à la suite
des œuvres du burin, de ces planches d'histoire conformes au passé
de l'école, il convient de placer les innombrables produits d'un art
inférieur, mais digne aussi de fixer l'attention, De fût-ce qu'à titre de
fait nouveau et de symptôme. S'il est juste de tenir compte de tous les
genres d'habileté, il est juste aussi de faire, une part inégale entre le
résultat des efforts studieux et le résultat d'une adresse superficielle ;
en un mot, sans méconnaître là où elles peuvent se trouver la grâce
facile et la finesse, on doit attacher plus de prix à des qualités d'un
autre ordre, et réserver une estime principale pour le talent sérieux
et pour les travaux qui l'attestent.

I. — GRAVURE EN TAILLE-DOUCE.

De tous les procédés de gravure successivement découverts, la gravure en taille-douce est, personne ne L'ignore, celui qui présente le
plus de difficultés, mais c'est aussi celui qui a le plus de valeur réelle
et d'importance. Les conditions qui régissent l'emploi du burin sont
les conditions de l'art lui-même dans son acception la plus haute, et
l'on peut dire que cet art se résume tout entier dans un mode d'exécution qui nécessite plus qu'aucun autre l'intelligence profonde du
modèle, l'étude de la forme et la science de l'harmonie. Comme les
divers genres de gravure, la gravure en taille-douce n'a que deux
éléments d'effet, le dessin et le clair-obscur, deux moyens de coloris, le ton primitif de la surface sur laquelle on opère, et le ton que
reçoivent par l'impression les sillons préalablement creusés ; mais,
contrairement à l'aqua-tinte et à la manière noire, elle ne peut distri-
buer les masses d'ombre et de lumière qu'en resserrant plus ou moins
les séries détailles et les lignes diversement entrecroisées, ou, pour
parler bref, elle ne procède que par traits. On conçoit ce qu'il faut à
l'artiste de goût, de patience et d'habileté pour dissimuler des opé-
rations forcément compliquées sous une apparence conforme à l'aspect simple de la nature, et pour réussir à faire illusion là où peuvent
se trahir d'abord les calculs arides et le côté conventionnel du métier. La sagesse de la méthode, le sentiment exact des ressources du
genre ont été de tout temps des qualités particulières à notre école,
et, sauf quelques erreurs momentanées, les graveurs français, de-

puis deux siècles, ont fait de la modération dans la manœuvre la marque distinctive de leurs travaux. Aujourd'hui encore la gravure en taille-douce est pratiquée dans notre pays, sinon avec le même succès qu'au temps de Nanteuil et d'Edelinck, du moins en vertu des mêmes principes, et, parmi les hommes qui défendent ces principes fondamentaux de l'art, il en est quelques-uns dont les noms pourraient être inscrits bien près des noms de nos anciens maîtres.

Deux artistes surtout, MM. Desnoyers et Henriquel-Dupont, semblent appartenir à cette race de talents calmes sans froideur et savants sans ostentation qui, depuis le règne de Louis XIV, se sont perpétués en France. Tous deux méritent une place à part entre les graveurs contemporains, et doivent être considérés comme les chefs de l'école moderne. Ce n'est pas toutefois que leur mérite soit expressément de même nature et que leurs œuvres aient les mêmes titres à l'estime : par le sentiment secret aussi bien que par le choix des modèles, ces œuvres révèlent chez leurs auteurs une certaine différence d'organisation et de goût, et, quoique inspirées au fond par des doctrines semblables, elles laissent voir dans le mode d'interprétation quelque chose de distinctif et d'individuel. M. Desnoyers recherche avant tout et réussit le plus souvent à trouver l'ampleur et la noblesse de la forme. Sa manière sobre et large, — très française en ce sens qu'elle procède de la raison plus encore que de la verve, — est celle d'un dessinateur sévère qui n'accepte le ton que comme moyen complémentaire et non comme élément principal ; ses ouvrages, exécutés pour la plupart d'après les maîtres de l'école italienne, se recommandent par la grandeur de l'expression, la fermeté des contours et du modelé, et par la vigueur de l'aspect : on ne saurait y surprendre une préoccupation très vive des finesses du coloris et des détails subtils de la réalité. Il arrive même parfois qu'à force d'éliminations pour anoblir l'ensemble de son travail, M. Desnoyers ne laisse aux divers morceaux qui le composent qu'un degré de vérité insuffisant : témoin sa planche de *la Transfiguration*, œuvre fort belle si l'on n'en considère que l'effet général, mais dont l'exécution parait un peu vide et incomplète lorsqu'on examine isolément chacun des objets représentés. Ailleurs, et surtout dans ses *Saintes Familles* d'après Raphaël, M. Desnoyers a su allier ce sentiment grandiose de l'ensemble à l'étude soigneuse des beautés partielles ; il faut reconnaître cependant que l'analyse minutieuse des détails est contraire aux habitudes de son talent, et que ses ouvrages ont en général pins de majesté que de délicatesse.

Les ouvrages de M. Henriquel-Dupont ne témoignent ni d'un goût

I. — GRAVURE EN TAILLE-DOUCE.

aussi exclusif pour la sévérité du style, ni de ces sacrifices systématiques à la force et à la grandeur. Suavité du coloris, élégance du faire et du dessin, tout ce qui peut séduire, le regard est accepté par le graveur, aussi bien que ce qui doit intéresser l'esprit ; il ne dédaigne rien, depuis l'expression d'un visage jusqu'au ton de la moindre draperie ; il ne s'abstient d'aucune ressource d'effet, qu'elle soit accessoire ou principale, et, sans accorder une égale importance aux diverses conditions de son art, il les aborde toutes avec la même pensée d'éclectisme et la même souplesse d'intelligence. Sa manière, moins magistrale que celle de M. Desnoyers, a plus de finesse et de charme, et s'il est permis de supposer qu'en face des tableaux de Raphaël M. Henriquel-Dupont se fut trouvé un peu mal aguerri, à coup sûr il lui appartenait de se mesurer sans crainte avec les peintres les plus éminents de l'école moderne. À ne juger ici que l'ensemble des œuvres du graveur de *Lord Strafford*, on peut dire que ce qui les distingue surtout, c'est une certaine grâce réservée, une science prudente, quelque chose d'ingénieux et de raisonné qui n'impose pas fortement, mais qui persuade, en un mot ce goût pour l'exactitude et la correction qui est le fonds même de l'art français et qui constitue son originalité propre.

Les graveurs en taille-douce que l'on pourrait citer à la suite de, MM. Desnoyers et Henriquel-Dupont s'inspirent pour la plupart des exemples de ces artistes habiles, mais le second semble exercer sur eux une influence principale. Si M. Calamatta s'est conformé le plus souvent dans ses travaux à des doctrines analogues aux doctrines de M. Desnoyers, si M. Forster, tout en faisant une part beaucoup trop large aux séductions de la manœuvre, a cherché quelquefois la noblesse du dessin et la grandeur du style, les graveurs dont les débuts ne remontent qu'à une époque encore peu éloignée ont adopté presque tous la méthode moins austère de M. Henriquel-Dupont. Plusieurs d'entre eux, formés à l'école même du maître, ne font que mettre on pratique les leçons qu'ils ont directement reçues : MM. Jules et Alphonse François, M. Aristide Louis, sont les plus distingués de ces élèves et se montrent capables d'enseigner à leur tour l'art qu'on leur enseignait naguère. D'autres jeunes graveurs, sans être partis du même point, suivent néanmoins une voie à peu près semblable et se soumettent à la même autorité. Parmi les talents diversement remarquables qui soutiennent aujourd'hui l'honneur de notre école, il on est peu que M. Henriquel-Dupont n'ait pas, de près ou de loin, dirigés dans toutes les estampes en taille-douce publiées depuis quelques années, on reconnaît non pas un système d'imitation matérielle, mais des efforts pour s'assimiler un sentiment, et il n'est pas jusqu'aux planches gravées d'après les tableaux italiens qui ne portent les traces de cette préoccupation et de ces efforts.

D'ailleurs il peut sembler étrange que les graveurs, — obligés, comme nous l'avons dit, d'interpréter à peu près uniquement les maîtres anciens, — n'apportent pas du moins dans leurs choix un esprit plus investigateur et plus indépendant. Qu'ils fassent des peintures de l'école italienne l'objet ordinaire de leurs travaux, rien de mieux ; mais pourquoi copier invariablement les mêmes originaux ? Les tableaux de Raphaël, par exemple, ont été gravés mille fois par des artistes de tous les pays. Beaucoup de ces reproductions sont excellentes : à quoi bon recommencer une entreprise si souvent et si heureusement menée à fin, et ne vaudrait-il pas mieux mettre sous nos yeux des morceaux inédits ou traduits infidèlement jusqu'à ce jour ? Les modèles ne manqueraient pas, depuis tant d'ouvrages exquis des florentins du XVe siècle, — école charmante que l'on connaît à peine en France, — jusqu'aux compositions les plus importantes de quelques grands maîtres plus modernes. Ainsi comment *le Jugement dernier* de la chapelle Sixtine n'a-t-il obtenu encore d'autres traductions que les estampes insuffisantes de Martin Rota ; de Léonard Gaultier au XVIIe siècle, et les mauvaises lithographies de Guillemot au XIXe ? Comment ne s'est-il pas rencontré un graveur qui eut reprit de venger *la Cène* de Léonard des outrages qu'a subis cet incomparable chef-d'œuvre sous le burin de Morghen ? Il est temps pour nos graveurs de réparer beaucoup d'oublis, et de se souvenir en revanche un peu moins de certaines habitudes traditionnelles de l'école. En continuant à circonscrire leurs préférences dans les limites imposées par les exemples de leurs prédécesseurs, ils courraient risque de s'immobiliser dans la routine : une méthode moins invariable, des recherches plus librement dirigées peuvent au contraire rajeunir leur talent et triompher de la froideur où nous laissent des redites continuelles et le spectacle des mêmes objets.

Ce reproche de prédilection un peu irréfléchie pour quelques types qui nous sont trop familiers, — reproche que justifieraient au besoin la plupart des estampes, d'après les anciens maîtres, publiées depuis un certain nombre d'années, — ne saurait en tout cas s'adresser à M. Prévost, auteur de la seule planche importante qui ait été gravée jusqu'ici d'après *les Noces de Cana* [2]. Toutefois, en dehors de la virginité du modèle, le choix fait par le graveur était-il fort heureux ? Nous ne le pensons pas. Le tableau de Paul Véronèse est un chef-d'œuvre de science et d'harmonie pittoresques : qui songerait à le

I. — GRAVURE EN TAILLE-DOUCE.

contester ? La splendeur des tons et la puissance de l'exécution y sont merveilleuses ; mais, tout beau qu'il est, ce coloris n'a qu'un sens purement matériel. Il rend avec une fidélité admirable le caractère physique d'un certain ordre de nature, sans exprimer, comme le coloris du Corrège, un sentiment et des idées poétiques ; en un mot, il a plus d'opulence que de charme, il décore la forme, mais il ne l'idéalise pas. Or la gravure, qui n'emploie d'autres tons que le blanc et le noir, peut bien, avec ces seules ressources, reproduire l'œuvre d'un coloriste, pourvu que la beauté de cette œuvre résulte de la concentration poétique de l'effet et de la valeur relative des ombres et des lumières ; il est au moins difficile quelle imite exactement un effet qui procède, comme dans *les Noces de Cana*, de la diversité infinie des couleurs. En outre la scène, telle que Paul Véronèse l'a comprise, est-elle en soi assez intéressante pour qu'une fois transportée sur le cuivre, elle réussisse encore à nous séduire, et notre esprit peut-il être fort touché à la vue de ces convives de toutes sortes, — Turcs, Espagnols ou Vénitiens, — au milieu desquels le Christ, la Vierge et le miracle lui-même tiennent si peu de place ? Ces réserves admises sur les conditions de la tâche acceptée par M. Prévost, il n'y a plus qu'à louer les efforts qu'il a faits pour l'accomplir, et l'habileté technique qu'il a déployée dans ce long et difficile travail. La multiplicité des détails, l'apparence variée des corps à représenter, depuis le poli du marbre et des métaux jusqu'à la souplesse ou à la rigidité d'étoffes de toute espèce, nécessitaient de la part du graveur une connaissance profonde du mécanisme de fait, une patience à toute épreuve et une grande intelligence dans le choix des moyens. On sait qu'en principe tel *grain* convient aux parties transparentes ou reflétées, que telle série de tailles rendra mieux l'aspect d'une matière inflexible, telle autre celui d'un corps soyeux ; mais ces données générales ne peuvent être converties en règles absolues de pratique. Souvent même il est nécessaire de s'en écarter pour éviter la monotonie, et c'est au goût particulier de l'artiste qu'il appartient de diversifier à propos les modes de travail, de les faire valoir les uns par les autres, de les ménager ou de les compliquer, afin que ces lignes, ces points, ces losanges que le burin substitue au coloris de la peinture, suffisent pour exprimer tour à tour des objets de la nature la plus opposée. C'est ce discernement dans l'emploi des moyens qui recommande surtout la planche de M. Prévost. Le graveur, en variant sans cesse sa méthode d'exécution, n'a point altéré l'unité de l'ensemble par l'étalage du procédé, et il a su en même temps conserver à chacun des détails son sens propre et son caractère essentiel. L'aspect de

Henri Delaborde

l'estampe est large et harmonieux. L'architecture, le ciel, et en général les parties lumineuses sont heureusement traitées. En revanche, beaucoup de parties dans la demi-teinte trahissent l'impuissance du burin à rendre ces tons riches, quoique absorbés, à l'aide desquels Paul Véronèse fait ressortir sans sacrifice apparent la magnificence des morceaux vivement éclairés. Ici l'insuffisance des ressources dont la gravure dispose peut être alléguée comme excuse ; certaines négligences de dessin, notamment dans quelques têtes et dans les figures placées aux seconds plans, ne sauraient avoir les mêmes droits à l'indulgence.

Essayer de traduire avec deux tons l'œuvre de peinture où les tons se succèdent avec le plus d'abondance peut-être et dans la plus inimitable progression, c'était, il faut le redire, vouloir lutter contre des obstacles insurmontables. On peut reprocher à M. Prévost de s'être jeté un peu inconsidérément dans une telle entreprise ; mais on doit reconnaître aussi qu'il l'a poursuivie avec une rare habileté et une force de volonté plus rare encore. Dans ce temps d'œuvres et de réputations faciles, il est bien de n'ambitionner que l'estime due aux longs efforts et aux études opiniâtres, et l'artiste assez convaincu pour consacrer dix années de sa vie à un travail que les suffrages de la foule ne récompenseront pas mérite au moins qu'on honore son courage, si l'on ne peut applaudir qu'avec réserve à ses succès.

Parmi les ouvrages qui résument le mieux l'état actuel de la gravure en France, et à côté de la planche de M. Prévost, il faut citer une suite d'estampes gravées par divers artistes d'après *les Vierges de Raphaël* [3], non, certes, que l'analogie soit grande entre le caractère de ces deux publications et que leur mérite soit équivalent, mais parce qu'elles attestent l'une et l'autre le même respect pour les grands maîtres anciens, le même éloignement pour les goûts du moment et le style des œuvres à la mode. Où trouver d'ailleurs dans l'école italienne des modèles plus dissemblables et plus inégalement appropriés aux conditions de la gravure ? *Les Noces de Cana* semblent défier le burin ; les Vierges, *au contraire, ne l'encouragent et ne l'invitent-elles pas ? On conçoit donc, sans pourtant les absoudre tout à fait, ces habitudes d'école que nous signalions tout à l'heure et cette persistance de nos graveurs à reproduire des tableaux déjà gravés nombre de fois. Silhouettes exquises, modelé d'une finesse achevée, grâce et profondeur d'expression, tout ce qui relève essentiellement du dessin constitue la beauté intime de ces chefs-d'œuvre, et peut par conséquent se retrouver dans une traduction gravée bien mieux que ce qui procède du coloris. Il ne suit pas de là que tout graveur doive aisément réussir en travaillant d'après Raphaël. La perfection d'un tel modèle impose au contraire, à quiconque entreprend de le copier une fidélité d'autant plus rigoureuse, des devoirs d'autant plus précis, et les ruses de la pratique, la science des sacrifices, les moyens d'effets violents deviennent ici des secours à peu près inutiles, sinon même de dangereuses ressources.*

Les auteurs de la publication nouvelle se sont écartés quelquefois de ces devoirs et de cette réserve. Plusieurs de leurs planches ont une exagération de ton propre peut-être à faciliter le tirage et à multiplier les épreuves, mais assurément peu conforme à l'aspect si doux, si harmonieux, des peintures du maître. L'exemple donné en ce sens, il y a quelques années, par M. Forster dans sa *Vierge de la maison d'Orléans* et dans son portrait de *Raphaël* a été malheureusement suivi par les graveurs des *Vierges*, et en particulier par M. Pelée dans sa planche de *la Madone à la Chaise*. Rien de plus suave que l'ensemble du tableau : pourquoi le graveur en a-t-il altéré l'unité par la vigueur excessive des parties privées de lumière et l'âpreté de certains tons. Ainsi le fond, la draperie jetée sur les épaules de la Vierge et celle que l'on voit entre le dossier de la chaise et les pieds de l'enfant sont d'une qualité de couleur noire et dure qui serait de mise tout au plus dans une gravure de *la Transfiguration*, mais qui messied absolument à la reproduction d'une scène toute de grâce et de tendresse. M. Lévy, dans sa planche de *la Vierge aux Candélabres*, ne mériterait pas de semblables reproches, si l'ombre dont il a enveloppé les deux auges était moins opaque, et si l'exécution de ces deux figures avait moins de sécheresse. L'estampe qu'il a gravée en société avec M. Blanchard, d'après *la Madone de saint Sixte*, est d'un ton riche, et d'un bon aspect ; malheureusement le dessin et l'expression laissent dans plusieurs parties fort à désirer. C'est ce qu'un pourrait dire aussi, et avec plus d'à-propos encore, des deux planches de M. Hetzmacher : *la Vierge de la maison d'Albe* et *la Vierge au Voile*. Les contours de chaque figure sont accusés avec raideur, et le modelé intérieur n'a plus, au lieu de celte délicatesse propre aux œuvres de Raphaël, que la précision un peu grêle et l'aridité accoutumée des œuvres allemandes.

Les estampes d'après les *Vierges* ne sont pas, on le voit, exemptes de graves défauts. Cependant, tout imparfaites qu'elles sont, elles suffisent encore pour faire pressentir aux uns, pour rappeler aux autres les caractères principaux et les principales beautés des modèles. Serait-il juste d'ailleurs de ne pas tenir compte des difficultés d'une pareille entreprise et de ses conditions particulières. En réduisant le format de ces estampes à des proportions médiocres, en fixant le prix de la publication à un chiffre au-dessous des chiffres ordinaires, on s'interdisait à la fois les ressources qu'auraient pu offrir des travaux plus développés et le concours des graveurs les plus éminents. Au lieu d'une traduction accomplie, il n'était donc possible de donner qu'un aperçu à peu près satisfaisant des compositions originales, une sorte d'édition populaire de ces chefs-d'œuvre de l'art, et les sept planches publiées jusqu'ici répondent convenablement, il faut le dire, à ces exigences. Quelques-unes des *Vierges* gravées gardent un reflet de ce charme suprême que respirent les *Vierges* tracées par la main du doux maître, et nous ne croyons pas que, dans des conditions analogues, Raphaël puisse être mieux interprété aujourd'hui en aucun pays du monde.

Au reste, les graveurs étrangers nous fourniraient à cet égard peu de termes de comparaison. Depuis longtemps déjà, ils semblent avoir abandonné à l'école française le privilège de tout travail d'après Raphaël. En Angleterre, on n'en entreprend aucun, et cette réserve est au moins prudente. Que deviendraient le dessin et le style exquis du peintre d'Urbin sous le burin d'artistes accoutumés à reproduire les œuvres de M. Landseer et de ses nombreux imitateurs ? Comment une école vouée tout entière à l'étude des chevaux de course et des chiens de chasse, et en général au culte d'une nature fort peu idéale, se départirait-elle de ses humbles habitudes pour s'essayer dans une lutte avec ce que l'art a de plus spiritualiste et de plus élevé ? Les graveurs italiens n'ont certes ni les mêmes tendances, ni les mêmes doctrines, et le talent ne leur manquerait pas pour interpréter dignement Raphaël ; mais c'est à l'étude d'autres modèles que s'attachent la plupart d'entre eux. M. Toschi et ses élèves ont entrepris de transporter sur le cuivre les immenses fresques du Corrège à Parme, et un travail de cette importance ne leur laisse pas le loisir d'y mêler d'autres occupations. M. Mercurj grave, depuis tantôt vingt ans, une planche, d'après la *Jane Grey* de M. Delaroche, non sans s'interrompre souvent, à ce qu'il semble. Rien du moins n'est venu témoigner que ces interruptions eussent pour cause la traduction de quelque ouvrage du chef de l'école romaine ou même de tout autre maître. À Florence, les peintures des maîtres primitifs conservées à l'Académie des beaux-arts ou dans les couvents de la ville captivent, depuis quelques années, l'attention assez tardive des graveurs ; comme tous les nouveaux convertis, ceux-ci tiennent à honneur de proclamer leur foi avec un zèle voisin de l'intolérance, et rejettent comme des erreurs absolues tout ce qui ne se rattache pas directement à leurs croyances. Enfin, si l'on jette les yeux sur les estampes d'après Raphaël récemment gravées en Allemagne, on reconnaîtra aisément que ce n'est pas de l'autre côté du Rhin que se trouvent aujourd'hui les plus fidèles interprétés du peintre des *Vierges*. Le temps est loin déjà où Müller et les graveurs allemands ne songeaient, pour traduire Raphaël, à s'inspirer que de Raphaël lui-même. L'influence des peintres contemporains s'exerce sensiblement jusque sur les travaux entrepris d'après les tableaux de l'école italienne, et c'est en se préoccupant du style de M. Overbeck ou du style de M. Cornélius que les graveurs cherchent à idéaliser des œuvres qu'il suffirait sans doute de copier. De là cette apparence monotone et ce caractère systématique que revêtent les estampes allemandes, quels que soient les modèles d'après lesquels elles ont été exécutées.

En France, on n'a heureusement ni une déférence si entière pour les exemples des peintres contemporains, ni les goûts purement rétrospectifs dont s'honorent aujourd'hui quelques artistes italiens. Les inclinations essentiellement éclectiques de notre école se prêtent à merveille aux travaux qui nécessitent la perception exacte d'idées diversement exprimées, une grande souplesse d'intelligence, et, jusqu'à un certain point, l'abnégation du sentiment personnel. Voilà pourquoi la gravure a été et est encore pratiquée dans notre école avec plus de succès que partout ailleurs, et, pour ce qui est de Raphaël, peut-être nos graveurs ont-ils mieux réussi à le comprendre qu'aucun maître des écoles étrangères, par cela même que son harmonieux génie résume dans une mesure égale les qualités de toute espèce et les caractères les plus opposés. Il est certain du moins que, dans la série des belles planches gravées d'après Raphaël à partir du XVIIe siècle, on en comptera peu qui ne soient l'œuvre d'artistes français. Depuis Edelinck, que son origine flamande ne saurait exclure du nombre des graveurs appartenant à notre école, ou, si l'on veut, depuis Gérard Audran jusqu'à M. Desnoyers, il n'est guère de talent éminent qui ne se soit appliqué à perpétuer parmi nous ces témoignages d'une sagacité particulière et ces traditions de succès. La suite d'estampes que l'on publie sous le titre des *Vierges de Raphaël* ne mérite pas, à coup sur, d'être assimilée à tant d'ouvrages justement célèbres ; mais ces planches sont dignes encore d'attention et d'estime, surtout lorsqu'on les rapproche, des planches gravées à l'étranger d'après les mêmes modèles et dans des circonstances à peu près semblables.

Les diverses estampes dont nous avons fait mention jusqu'ici peuvent donner la mesure du talent de nos graveurs appliqué à la reproduction des œuvres de l'art ancien. Les œuvres de l'art moderne

Henri Delaborde

rencontrent-elles aujourd'hui des interprètes aussi habiles ? C'est ce qui reste à examiner. Constatons d'abord que le nombre des planches gravées en taille-douce d'après les tableaux de l'école contemporaine devient de moins en moins considérable, et qu'à l'exception de deux estampes dues au burin de MM. Blanchard et François, rien ou presque, rien en ce genre n'a paru depuis le *Pic de la Mirandole* et le *Napoléon à Fontainebleau*, ouvrages estimables déjà signalés dans cette *Revue*, et sur le mérite desquels il n'est pas besoin d'insister de nouveau. Sans doute quelques publications se préparent, qui fourniront aux amateurs et aux curieux l'occasion d'envisager sous un aspect plus général les productions où se reflète l'état actuel de la peinture française. Déjà même, M. Henriquel-Dupont a mis la dernière main à son *Hémicycle de l'École des Beaux-Arts*, travail immense et certainement promis à un éclatant succès. Un artiste qui doit à de longues études d'après les maîtres italiens L'intelligence de la forme et du style sévères, M. Pollet, grave la *Vénus* et la *Stratonice* de M. Ingres. Quelques autres graveurs encore s'occupent de populariser par le burin les œuvres principales de l'école actuelle. Il n'en est pas moins vrai que les honneurs de la gravure en taille-douce sont réservés à peu près exclusivement aux compositions des anciens maîtres, et c'est le plus souvent aux humbles procédés de l'aqua-tinte ou de la lithographie que les peintres du XIXe siècle doivent limiter leur ambition.

M. Scheffer, par la réputation qu'il a depuis longtemps acquise et par le caractère élevé de son talent, peut sans doute concevoir une ambition plus haute, et, de tous les peintres auxquels les graveurs ont coutume de s'associer, il en est peu dont les titres soient jugés plus solides et les droits plus clairement établis. D'où vient pourtant qu'au lieu de jouir dans toute son étendue d'un privilège aujourd'hui si rare, il semble l'amoindrir de plein gré, et n'accepter le concours des graveurs qu'en vue d'une reproduction appauvrie et systématiquement incomplète. La plupart des estampes d'après les tableaux de M. Scheffer ont l'apparence d'estampes inachevées ou faites d'après des dessins. Des contours rigides, à peine renforcés d'ombres pâles, peu ou point de demi-teintes et par conséquent de modelé, un effet général si subtilement indiqué qu'il dégénère en monotonie ; voilà ce qui donne à ces planches, participant à la fois des conditions de la gravure au trait et des conditions ordinaires de la gravure, un caractère indéterminé, quelque chose du style valétudinaire des artistes allemands uni au goût plus sain, mais ici volontairement affaibli de l'école française. La méthode imposée, à ce qu'il semble, par M.

Scheffer aux graveurs qui travaillent d'après lui, ne saurait ni favoriser leurs succès, ni renouveler les succès obtenus par le peintre. La *Marguerite sortant de l'église*, l'une des œuvres les plus distinguées de cet ingénieux pinceau, n'a-t-elle pas pris dans l'estampe qui la reproduisait, il y a quelques années, l'aspect d'une œuvre assez faiblement conçue et bien timidement exécutée ? et M. Henriquel-Dupont lui-même a-t-il réussi, dans sa planche du *Christ consolateur*, à faire accepter cette méthode d'interprétation négative ?

L'estampe que M. Blanchard a récemment publiée sert de pendant à celle de M. Henriquel-Dupont, et représente le *Christ rémunérateur*. Exécutée en vertu de ces principes un peu confus auxquels se soumettent d'ordinaire les graveurs de M. Scheffer, elle ne reflète ni des qualités fort précises, ni des défauts tout à fait évidents. Est-ce aux imperfections de l'original ou à l'infidélité de la copie qu'il convient d'attribuer la froideur de l'ensemble, l'exiguïté du style et cette impression de menue poésie, ce menu sentiment religieux que fait naître la vue du *Christ rémunérateur* ! Le plus sage peut-être serait de rendre le peintre et le graveur également responsables de l'insuffisance du résultat. Mme Vigée-Lebrun raconte dans ses *Souvenirs* qu'une femme dont elle faisait le portrait travaillant depuis le commencement de la séance à rétrécir sa bouche, par une contraction obstinée des lèvres, l'artiste impatienté finit par proposer à son modèle de supprimer absolument dans la peinture le trait qui était l'objet d'une préoccupation si continue. Les soins excessifs que MM. Scheffer et Blanchard paraissent avoir pris pour réduire les formes de la réalité, ne laissent pas de remettre en mémoire quelque chose du fait rapporté par Mme Lebrun, et l'on est tenté de se demander pourquoi le *Christ rémunérateur*, au lieu de garder ce reste de vérité matérielle, ne nous est pas donné sous des formes encore plus abstraites, sinon même à l'état pur d'idée.

L'irrésolution d'intentions et de manière qu'il est permis de reprocher à l'estampe de M. Blanchard ne se retrouve pas, tant s'en faut, dans la planche gravée par M. Alphonse François d'après M. Delaroche ; ce serait plutôt d'un excès de hardiesse et d'une sorte d'âpreté dans le faire qu'on pourrait accuser le graveur du *Napoléon franchissant le mont Saint-Bernard* [4]. Heureux défaut d'ailleurs, et rare dans les travaux de l'école moderne, que cette énergie poussée jusqu'à la rudesse qui donne nettement à une œuvre sa signification et son accent. La manière de M. Delaroche ne se prête pas d'ordinaire, on le sait, à ces interprétations d'un genre un peu exclusif. Une application constante à n'omettre aucune des conditions de l'art, un tact supérieur dans le choix des moyens propres à compléter l'expression de sa pensée, et par dessus tout une fine perception des détails et de l'esprit intime d'un sujet, telles sont les qualités du peintre de *Jane Grey* et de la *Mort du duc de Guise*. On peut donc croire, au premier abord, que l'estampe du *Napoléon*, estampe où dominent ! e goût de la force et l'extrême fermeté de l'exécution, ne reproduit qu'assez inexactement une œuvre de ce talent essentiellement ennemi des formes absolues, et procédant moins habituellement de l'inspiration spontanée que de la réflexion et de l'étude, il n'en est pas ainsi cependant. Tout en laissant à la charge du graveur certaines exagérations, une recherche de la précision qui dégénère parfois en dureté, quiconque a vu le tableau original doit reconnaître que l'estampe en rend bien le sens général, l'aspect résolu et le caractère expressément réaliste. M. Delaroche, lorsqu'il a peint son *Napoléon franchissant le mont Saint-Bernard*, s'est fort départi de ses coutumes d'annaliste disert et de commentateur des faits historiques. Non-seulement il a craint d'envisager son sujet, comme l'avait conçu David, à un point de vue fastueusement héroïque, mais il a voulu s'interdire même tout développement suggéré par l'imagination, tout détail que n'auraient pas consacré les récits des témoins ou les traditions les plus sûres. Le fait dans sa nudité et sa simplicité presque vulgaire, voilà ce que M. Delaroche, à tort ou à raison, s'est proposé de nous montrer. Or la fermeté de l'exécution et la puissance de l'imitation matérielle n'étaient-elles pas les seuls moyens de racheter ce que cette représentation pouvait avoir en soi de trop contraire aux éléments épiques ? Le conquérant de l'Italie monté sur un paisible mulet, et côte à côte avec un guide à la direction duquel il obéit, la plus grande figure des temps modernes dans un rôle purement passif ne devait conserver à nos yeux son importance et sa noblesse qu'autant qu'elle nous serait rendue avec la force de la vérité et l'autorité de la verve. M. Delaroche, le sujet une fois donné, n'était pas homme à se méprendre sur les conditions que ce sujet comportait, et il a cherché à les mettre en relief avec une vigueur de pinceau et une hardiesse inaccoutumées.

La vigueur de l'exécution est aussi ce qui donne une incontestable valeur au travail de M. François, et peut-être l'estampe du *Napoléon au Saint-Bernard* est-elle, de toutes les planches d'histoire publiées depuis quelques années, celle qui honore le plus notre école de gravure. À voir ces contours et ce modelé accusés avec tant de décision et de savoir, ces tailles largement établies au burin, sans tâtonnements apparents, sans préparation à l'eau forte, en un mot ce faire robuste qui détermine avec une aisance égale le dessin et l'effet, on dirait que la belle manière des graveurs français du XVIIe siècle a trouvé un continuateur parmi nous, et que cet élève des maîtres de l'art peut devenir un jour leur rival. Que manque-t-il encore à son talent ? Un peu plus de modération, nous l'avons dit, dans cet amour excessif pour la fermeté de la forme, un peu plus de souplesse dans la manœuvre et surtout un sentiment plus délicat du coloris. Plusieurs parties de la planche gravée par M. François, et principalement la tête du Napoléon, laissent sous ce rapport quelque chose à désirer. Le ton général même n'est pas exempt d'une certaine uniformité, et, chose étrange, le burin de l'artiste, si résolu lorsqu'il trace un contour ou qu'il dispose des masses d'ombre et de lumière, semble hésiter souvent en face des difficultés de la couleur, et les tourner en quelque sorte, au lieu de les aborder franchement. Ces imperfections de détail, qui ne permettent pas de ranger l'estampe du *Napoléon* dans la classe des œuvres excellentes, ne sauraient toutefois l'exclure de la classe des œuvres vraiment fortes. Il est juste de voir avant tout dans cette planche incomplète à certains égards la promesse d'un grand talent, mais il est juste aussi d'y reconnaître l'empreinte d'une volonté déjà puissante et d'une habileté presque magistrale.

Parmi les estampes en taille-douce récemment publiées, il faut citer encore une jolie planche de M. Aristide Louis, *l'Innocence*, d'après Greuze, et un poitrail de *Michel Cervantes*, gravé par M. Pascal avec un sentiment remarquable du coloris et de l'effet. L'œuvre de M. Pascal a de plus le mérite d'appartenir à un genre qui fut pendant deux siècles une des gloires de notre école de gravure, et qui semble malheureusement à peu près délaissé aujourd'hui. On sait avec quelle supériorité le portrait a été traité par les graveurs qui se sont succédé en France depuis Nanteuil et Masson jusqu'à MM. Tardieu et Desnoyers, et quels innombrables chefs-d'œuvre contient cette suite, qui commence au *Président de Bellièvre* et au *Comte d'Harcourt*, pour s'arrêter au portrait du *Comte d'Arundel* et au portrait du *Prince de Talleyrand* ; mais, à partir du temps de la restauration jusqu'à l'époque où nous sommes, ce genre, autrefois l'objet de tant de travaux, n'a plus dans notre école qu'une importance médiocre, sinon complètement annulée. Sauf quelques portraits des souverains ou des princes publiés par l'administration des musées, quelques planches gravées, comme le portrait de *M. Guizot*, aux frais d'un certain nombre de souscripteurs, ou en dehors des entreprises commerciales, comme le beau portrait de *M. Bertin*, que nous oui laissé dans cet ordre d'art les quarante années qui viennent de s'écouler ? L'aqua-tinte et la lithographie sont devenues les modes de reproduction ordinaires d'un portrait, et l'image même du chef actuel de l'état est popularisée par ces procédés secondaires. Là comme ailleurs, l'industrie a envahi le domaine de l'art ; le crayon, l'aqua-tinte et le daguerréotype ont usurpé le rôle du burin ; partout où ce rôle était le plus légitime et consacré par les plus longs succès, il semble qu'on ait pris à tâche d'en méconnaître l'opportunité et l'importance. On le réduit en attendant qu'on le supprime, et tandis que quelques rares graveurs persévèrent, loin des applaudissements, dans la voie qu'ont tracée les maîtres, les dessinateurs lithographes de l'école de M. Grévedon, la foule des disciples de M. Jazet et les disciples plus nombreux encore de M. Daguerre élargissent de jour en jour la route facile où ils marchent sous nos regards indulgents et en s'enhardissant de notre tolérance.

II. – GRAVURE A L'AQUA-TINTE, GRAVURE SUR BOIS ET EN FAC-SIMILE. - PHOTOGRAPHIE.

Dans les procédés de l'aqua-tinte, la part laissée à la volonté et au talent est assurément beaucoup plus grande que dans les nouveaux procédés mécaniques. Ce mode de gravure, quoique très inférieur à la gravure eu taille-douce, n'est pas du moins en opposition formelle avec les conditions de l'art, et, quelle que soit son insuffisance à bien des égards, il offre en soi des ressources qu'il serait injuste de dédaigner ; aussi n'est-ce pas contre l'aqua-tinte elle-même, mais contre l'usage qui en est fait qu'on a le droit de s'élever. Il y a un peu moins de quarante ans, lorsque, à l'exemple des graveurs anglais, quelques graveurs de notre pays essayèrent d'appliquer l'aqua-tinte à la reproduction des tableaux, ils se gardèrent bien de choisir leurs modèles ailleurs que dans un ordre de peinture secondaire et qui autorisait parfaitement l'emploi de ce moyen assez superficiel. Des scènes familières, des épisodes de l'histoire contemporaine, retracés le plus habituellement par le pinceau rapide de M. Horace Vernet, furent pendant plusieurs années les seuls sujets qu'ils osassent aborder, et les compositions plus graves ou plus laborieusement étudiées demeurèrent l'objet particulier des travaux du burin. Peu à peu les scrupules diminuèrent, la ligne de démarcation s'effaça. On tenta quelques incursions sur le terrain qu'on avait d'abord respecté, et, d'empiétements en empiétements, la gravure à l'aqua-tinte a fini par s'installer partout au lieu et place de la gravure en taille-douce. Histoire, portrait, figures de fantaisie ou de haut style, tous les genres indistinctement sont traités aujourd'hui par les graveurs à l'aqua-tinte avec une activité tout industrielle, au grand avantage du commerce sans doute, mais aussi au détriment de l'art sérieux et du goût. On peut dire sans exagération qu'il y a entre la gravure en taille-douce et la gravure à l'aqua-tinte, telles qu'elles sont maintenant pratiquées l'une et l'autre, à peu près la même différence qu'entre l'art du statuaire et le métier du mouleur : au lieu de l'interprétation délicate, de l'imitation châtiée d'un modèle, on ne nous donne qu'une empreinte surprise à la hâte, incomplètement fidèle et ne reproduisant que les formes générales. À force de voir ces estampes défectueuses, si propres pourtant à accuser les vices de la méthode, le public a pris le change sur les vrais éléments de la gravure, sur la valeur relative des divers procèdes, et l'on a fini par confondre si bien ces procédés entre eux, qu'assez peu de gens peut-être savent distinguer encore une planche gravée en taille-douce d'une planche gravée à l'aqua-tinte. Que les lignes principales et l'aspect premier d'un tableau soient à peu près rendus, n'importe par quel moyen de gravure, cela suffit au plus grand nombre. On n'examine, guère ni les détails de l'œuvre, ni le genre d'habileté ou d'imperfections qu'elle comporte ; seulement, l'aqua-tinte étant le moyen usité d'ordinaire, on l'accepte par habitude, et l'on réduit sans y songer aux conditions actuelles de cet art subalterne les principes de l'art lui-même et les proportions du talent.

Dans cette multitude de planches gravées à l'aqua-tinte qui se succèdent presque de semaine en semaine aux vitres des magasins d'estampes, il en est cependant quelques-unes où se révèlent des qualités d'artiste. La *Mort du duc de Guise*, gravée par M. Desclaux d'après M. Delaroche, appartient à cette classe d'œuvres dignes d'une attention particulière, et ressort plus qu'aucune d'elles au milieu de tant d'œuvres improvisées pour les circonstances ou pour les besoins du commerce. L'estampe de M. Desclaux porte les traces d'un travail consciencieux, de l'effort et d'une habileté en harmonie avec les ressources combinées de l'aqua-tinte, du burin et de la manière noire ; mais de par ces procédés devaient-ils être choisis pour nous rendre la scène si finement sentie et exprimée par le peintre, et n'était-ce pas le cas ou jamais de recourir uniquement à la précision, à la délicatesse du burin ? Tout le monde, connaît ce tableau, l'un des plus accomplis, sinon même le plus accompli qu'ait produit M. Delaroche. Dernièrement encore, et rajeuni par un nouveau succès, il frappait les yeux les moins clairvoyants par l'extrême netteté de la pensée, la finesse du style et cette correction savante sans pédantisme, scrupuleuse sans minutie, dont bien peu d'artistes ont le privilège et le secret. Le mode de gravure une fois adopté, M. Desclaux a lutté de son mieux contre les difficultés de l'entreprise ; mais quoiqu'il ait su faire, l'esprit même et le vif de la peinture originale ne se retrouvent pas dans cette traduction forcément un peu lourde et traînante ; elle n'a et ne pouvait avoir qu'une analogie lointaine avec le tableau de M. Delaroche. et s'il fallait prouver par un exemple l'insuffisance des précédés de l'aqua-tinte ou de la manière noire, quand on les applique même avec talent à la gravure d'une œuvre délicate, ce serait la *Mort du duc de Guise* qu'il conviendrait peut-être d'indiquer. Que dire à plus forte raison de tant de planches où l'erreur n'a pas du moins le talent pour complice, où le métier se substitue ouvertement à la science et à l'étude ? C'est à côté des mille objets sortis de nos fabriques qu'il faut reléguer ces prétendus objets d'art, ces produits d'un mode de travail avant tout expéditif. Le mieux est d'envelopper dans un même oubli des œuvres dont la forme et le style sont invariablement les mêmes, soit qu'elles retracent des scènes bibliques ou des faits d'armes contemporains, soit qu'elles rappellent des événements de l'histoire ou quelque chose des inspirations honteuses de Gentil-Bernard et de Parny.

Tandis que la plupart des graveurs à l'aqua-tinte méconnaissent les limites de leur art et suppléent au savoir par une trompeuse dextérité, les graveurs sur bois conservent au moins au procédé qu'ils emploient son vrai caractère, en réservant ce genre de gravure pour l'*illustration* des livres de luxe, de certaines publications périodiques ou de ces recueils diversement futiles qui couvrent à tour de rôle les tables des salons. Bien que la verve et la finesse de l'exécution distinguent souvent les vignettes qui reproduisent sur le bois l'image ou la satire des événements de la veille, on ne peut y voir en général que d'agréables spécimens de l'art frivole, elles n'ont qu'un attrait éphémère, et, la curiosité une fois satisfaite, on ne songe plus à les regarder ; mais les vignettes qui ornent des publications d'un autre ordre sont dignes d'un intérêt plus durable : beaucoup d'entre elles sont traitées, en dépit de l'aridité du moyen, avec une aisance comparable au travail libre et dégagé de la pointe ; et, par la souplesse de ton qu'elle a acquise, la gravure sur bois est devenue une sorte d'équivalent de la gravure à l'eau-forte.

L'*Histoire des Peintres de toutes les écoles* [5] permet mieux qu'aucun autre recueil d'apprécier les récens progrès de la gravure sur bois en France, et les petites estampes qui accompagnent le texte, dû à la plume aussi ingénieuse que bien informée de M. Charles Blanc, démontrent avec évidence des perfectionnements que personne, il y a quelques années, n'aurait osé ni soupçonner, ni prédire. Sans doute de pareils ouvrages ne peuvent être mis en regard des planches gravées en taille-douce d'après les mêmes modèles. Quelle que soit son habileté, un graveur sur bois n'arrivera jamais à donner à un paysage, par exemple, ce charme et cette beauté achevée qui n'appartiennent qu'aux planches gravées par le burin d'un Vivarès ou d'un Woollett ; mais toute proportion gardée entre les deux genres de gravure, on peut dire qu'ici l'adresse du travail laisse à peine entrevoir l'insuffisance du moyen. À l'exception de quelques planches d'histoire ou de portrait trahissant certaines préoccupations ambitieuses, certaine prétention de rivalité avec les formes de la gravure sur cuivre, ou ne trouve dans l'*Histoire des Peintres* qu'une suite de jolies vignettes traitées avec un goût judicieux, une intelligente réserve et un sentiment exact des ressources du procédé : qualités fort rares dans les ouvrages de même espèce publiés aujourd'hui en Angleterre ou en Allemagne, et précisément contraires aux principes des graveurs à l'aqua-tinte, qui ne travaillent qu'à exagérer la mesure et la portée de leur art.

On sait que la gravure sur bois n'est, à vrai dire, que le moyen de multiplier par l'impression les épreuves d'un dessin exécuté préalablement sur la planche même : dessin dont les traits subsistent en relief après que le graveur a creusé plus ou moins profondément toutes les parties intermédiaires. Une épreuve ainsi obtenue doit donc être l'empreinte du sujet tracé par le dessinateur, et la tâche du graveur sur bois, beaucoup moins compliquée que la tâche des autres graveurs, se borne à respecter les contours le long desquels on opère. Au lieu d'établir soi-même ces contours d'après un modèle, d'interpréter un effet en interrogeant sa propre science et son sentiment, on n'a simplement qu'à suivre de la main l'empreinte matérielle du sentiment d'un autre. Ce rôle mécanique et en quelque sorte passif est aussi celui des graveurs qui, sauf la différence des procédés, se proposent pour but unique la reproduction littérale d'un croquis au crayon ou à la plume. La gravure en *fac-simile* consiste à simuler sur le cuivre, — soit par le moyen de l'eau-forte, soit à l'aide de l'aquatinte ou du burin, soit enfin par le mélange de ces divers modes de gravure, — les indications incomplètes, les *repentirs* et jusqu'aux altérations que présentent des originaux rapidement dessinés par quelque maître. Il ne s'agit plus de rendre par analogie, le coloris, la touche et les formes spéciales de la peinture : il s'agit de décalquer trait pour trait un modèle tracé sur le papier, de s'y conformer de

Henri Delaborde

point en point, sans rien ajouter et sans rien omettre, de façon à ce que l'estampe puisse tromper le regard par un aspect conforme à l'aspect des œuvres du crayon. Dès lors une fidélité textuelle est la seule condition imposée, le travail n'a plus, au lieu du caractère d'une traduction, que le caractère, servile d'une copie, et l'artiste n'a à faire ici que l'office d'un daguerréotype intelligent.

Les difficultés matérielles que les graveurs en *fac-simile* ont à surmonter dons certains cas ne laissent pas cependant d'élever au rang des œuvres de l'art quelques-unes de ces œuvres sans vie propre et sans autre physionomie qu'une physionomie absolument d'emprunt. Ainsi la suite récemment gravée d'après les *Dessins de la Collection du Louvre* mérite une estime plus sérieuse que l'estime qu'il convient en général d'accorder aux produits de ce genre. Pour donner si parfaitement aux lentes évolutions d'un instrument rebelle le jeu libre et l'apparence des traits du crayon, il faut avoir acquis une grande expérience de tous les procédés techniques, une connaissance profonde de tous les secrets de la manœuvre. En outre, les *Dessins de la Collection du Louvre*, — dessins esquissés pour la plupart, — ne permettent que de pressentir et d'entrevoir les intentions des auteurs. La pensée qui les a inspirés ne s'y révèle qu'à l'état originel et encore un peu confus. Pour la démêler et la rendre sans en amoindrir le sens, il fallait s'être familiarisé de longue main avec le style et la manière des maîtres ; il fallait savoir comprendre ceux-ci à demi-mot pour conserver aux formes naissantes de ce style leur caractère intime et comme le suc qui les nourrit. Les *fac-similé* gravés d'après les dessins de Raphaël, du Pérugin et du Corrège prouvent que MM. Butavand, Leroy, Bein, Chenay et Dien possèdent à peu près au même degré cette intelligence et ce savoir, et, sauf l'inégalité d'intérêt que comportent les modèles choisis, il serait assez difficile de classer par ordre de mérite les estampes qui composent l'ensemble de la publication. Il serait plus difficile encore de trouver parmi les publications antérieures aucun ouvrage en ce genre dont l'importance soit égale et le mérite équivalent. Les *fac-similé* gravés au XVIIIe siècle par le comte de Caylus ou sous sa direction, les *Original drawings of the italian school*, édités en 1823 par M. Ottley, — recueils intéressants d'ailleurs et assez satisfaisants au point de vue de l'exécution matérielle, — sont loin d'avoir cette apparence authentique et ce caractère de scrupuleuse fidélité. Un seul ouvrage publié de nos jours pourrait soutenir la comparaison avec les *Fac-Simile des Dessins du Louvre* : nous voulons parler des *Portraits des Personnages français les plus illustres du XVIe siècle*, portraits qui accompagnent un travail historique de M. Niel et qu'a gravés M. Riffaud.

Bien que gravés aussi en *fac-similé* du crayon, les *Portraits des Personnages français* diffèrent à quelques égards et sous le rapport même de l'exécution des planches que nous venons de mentionner. On sait que les *portraitistes* du XVIe siècle avaient coutume, en dessinant aux trois crayons, de corriger par quelques légères teintes de pastel ce qu'un pareil mode de travail aurait laissé à leur ouvrage d'un peu uniforme et de monotone. Pour rendre l'apparence polychrome, de ses modèles, M. Riffaud devait donc vaincre des difficultés matérielles dont les graveurs des *Dessins de la Collection du Louvre* n'avaient eu nullement à se préoccuper. Les croquis que ceux-ci avaient devant les yeux, — croquis tracés à la plume, au crayon noir, à la sanguine ou tout au plus lavés au bistre, — n'exigeaient chacun que l'emploi d'un seul ton, d'une seule encre d'impression, pour être parfaitement imités, ici, au contraire, il fallait tenir compte des conditions variées du coloris et faire sentir les modifications consécutives d'une gamme de tons plus riche, bien que peu étendue, encore. En recourant à un ancien procédé, abandonné depuis la lin du dernier siècle, — procédé d'origine française, n'en déplaise aux graveurs anglais qui en font honneur à leur école, — M. Riffaud a trouvé moyen d'accomplir pleinement la tâche qui lui était imposée, et, à l'aide de la gravure sur plusieurs planches tirées en couleur, il a réussi à rendre avec une égale exactitude le coloris discret et le modelé en demi-relief des originaux. II est à désirer que cette réhabilitation de la gravure en couleur s'achève parmi nous, et que l'exemple donné par M. Riffaud trouve des imitateurs, pourvu toutefois qu'on ait le bon goût de n'user d'un pareil procédé qu'en face de certains modèles, qu'on n'essaie pas d'en forcer les ressources, et qu'on ne retombe pas dans la même erreur que les graveurs du temps de Louis XVI, qui, sous prétexte de rivalité avec la peinture, prétendaient colorier jusqu'à la gravure de paysage, et n'arrivaient ainsi qu'à déshonorer leur art par de lourdes enluminures.

À quoi bon d'ailleurs souhaiter une extension nouvelle à un art qui n'a déjà pris que trop de développement, puisqu'il menace de se substituer à la gravure elle-même ? Ne faudrait-il pas plutôt former un souhait tout contraire ? sont-ce des vœux ou bien des craintes qu'il est à propos d'exprimer ? La gravure en *fac-similé*, quels que soient les modelés qu'elle reproduit et les formes qu'elle emprunte, a déjà assez de chances de succès parmi nous, parce qu'elle s'approprie trop bien à nos goûts actuels pour les vérités positives et l'autorité du fait. Peut-être ce mode de traduction ouvertement littérale convient-

Henri Delaborde

il seul à des gens qui font mine d'estimer de moins en moins, en matière d'art, les abstractions et l'idéal, à des esprits pressés qui veulent comprendre au premier coup d'œil. Ce n'est plus ce que l'artiste a senti à propos d'un objet, mais c'est l'objet lui-même que nous voulons voir maintenant dans toute œuvre d'art, tableau, morceau de sculpture ou estampe : ce qui nous touche, ce n'est plus la ressemblance poétisée par l'intermédiaire du talent, c'est l'identité absolue de la copie avec le modèle physique. Contrairement au génie essentiel et au passé de l'art français, nous tendons à sacrifier en toutes choses la forme vraie à la forme réelle, les travaux de l'intelligence aux travaux d'un ordre purement matériel. La gravure en *fac-simile* satisfait nos instincts actuels et nous suffit, quoiqu'elle soit ou parce qu'elle est un procédé presque mécanique. Je me trompe : il nous faut aujourd'hui quelque chose de plus que cette fidélité encore un peu douteuse et sujette en tout cas aux erreurs de la main. La photographie, c'est-à-dire le secret d'attirer en quelque sorte l'objet lui-même sur le papier et de l'y fixer tel qu'il se présente, a un bien autre caractère, d'infaillibilité, et dès lors ce moyen, qui n'est bon le plus souvent qu'à donner raison à l'art, devient aux yeux de beaucoup de gens un moyen d'en accuser l'insuffisance.

Certes, il ne viendra à l'esprit de personne de contester le mérite et, jusqu'à un certain point, l'utilité de la découverte faite par M. Daguerre en tant que découverte ingénieuse et de progrès scientifique ; personne ne voudra méconnaître les avantages de la photographie lorsqu'elle est employée avec discernement et dans les cas où l'exactitude mathématique est la seule condition à remplir, une la photographie reproduise des monuments, des sites, et en général des objets inertes qui n'ont besoin pour nous intéresser que d'être naïvement rendus ; qu'elle essaie même, au moyen de perfectionnements nouveaux, de multiplier les épreuves d'estampes rares, rien de mieux [6]. L'imagination et le sentiment de l'artiste n'ont point affaire en tout cela ; mais partout ailleurs ils sont de mise nécessaire. Lorsqu'il s'agit par exemple de traduire l'expression d'un visage, est-ce assez de limitation brute de la réalité, et se contentera-t-on d'un résultat forcément identique avec le modèle et pourtant en désaccord avec l'idée que nous avons de ce modèle ? Le caractère secret et les habitudes d'une physionomie ne viendront pas se fixer comme les contours d'une colonne sur la plaque ou sur le papier photographique, et le portrait ainsi obtenu sans le secours et l'entremise de l'intelligence n'aura qu'une ressemblance inachevée, figée pour ainsi dire, et s'arrêtant à la forme des traits. Il en sera de même lorsqu'au lieu de la figure humaine on aura pris pour type original un tableau. La photographie nous rendra ce tableau tel qu'il est, et non pas tel qu'il devrait paraître dans des dimensions et sous une forme nouvelles. Un graveur, en les transportant sur le cuivre, aurait su modifier certains détails, atténuer ou accentuer l'effet de certains tons, parce que la réduction des proportions et l'absence du coloris imposaient à la copie des conditions d'interprétation nécessaires ; l'artiste, sous peine de confusion dans son travail, aurait mis en relief ou sacrifié les éléments divers et les diverses parties dont se compose l'ensemble de la peinture originale. L'image photographique nous montrera le tout avec une imperturbable rigueur, une fidélité niaise et une précision qui, à force d'être impartiale, n'a plus ni intérêt ni signification, il ne manque pas de gens cependant qui placent pour le moins à côté des œuvres de l'art ces œuvres involontaires, ces copies inexactement exactes, et bon nombre d'entre nous ne feraient nulle difficulté de condamner à un éternel repos le crayon et le burin des graveurs pour laisser fonctionner seul l'appareil qui parodie leurs travaux, sans réussir jamais à les remplacer.

Le culte de l'identité matérielle, tel est donc un des principaux obstacles suscités de nos jours au développement de la gravure. La gravure en *fac-similé* et la photographie sont au fond les contraires de l'art, parce qu'elles ont pour principe l'anéantissement de tout sentiment individuel, pour objet l'effigie même et non l'apparence de la réalité. Le mieux serait par conséquent de ne leur attribuer qu'une importance fort secondaire, et de les employer l'une et l'autre avec une extrême discrétion. À ne parler que de la gravure en *fac-similé*, rien de plus légitime sans doute que la reproduction par ce procédé de petits portraits ou de croquis. Dans le cours des vingt dernières années, quelques-uns des plus habiles graveurs français qui donné parfois aux planches qu'ils gravaient d'après des dessins l'aspect même des œuvres du crayon ; mais ils se gardaient bien de faire de cette servilité une habitude, et l'on ne pouvait voir dans ces rares essais qu'une transformation accidentelle et pour ainsi dire un caprice du talent. La gravure en *fac-similé* n'était encore, ni admise par l'opinion ni généralisée par la pratique ; aujourd'hui elle a acquis la force d'un principe et les proportions d'un art reconnu. Bien plus, elle semble résumer déjà les conditions de l'art lui-même, c'est là un fait qu'il importe de constater, un symptôme de rénovation au moins partielle de notre école, et en tout cas un péril pour la gravure dans son sens intime et dans sa plus sérieuse acception.

Est-ce là d'ailleurs le seul danger qui menace l'avenir de la gravure

Henri Delaborde

en France ? Le danger qui résulte de notre goût pour les œuvres futiles n'est ni moins réel ni moins évident. Contradiction singulière en effet : nous accueillons avec un empressement égal les produits exclusivement positifs de l'art mécanique et les produits équivoques d'un art sans conscience et sans foi. D'une part, nous demandons aux images photographiques et aux gravures en *fac-similé* de nous rendre le fait dans sa nudité absolue ; de l'autre, nous nous accommodons le mieux du monde des enjolivements douteux, des mille ornements de rencontre dont les faiseurs de vignettes et les graveurs à l'aqua-tinte affublent la réalité dans leurs ouvrages, il semble que l'interprétation à la fois libre et mesurée du vrai soit seule impuissante à nous séduire, et que les travaux du burin gardent pour privilège unique d'être exceptés de la faveur.

Nous le disions en commençant : la gravure en taille-douce ne rencontre plus guère dans notre pays que prévention ou injustice, et les planches d'histoire publiées à Paris obtiennent à l'étranger seulement le succès qui leur est dû. L'administration des Beaux-Arts se montre-t-elle d'ailleurs beaucoup plus préoccupée que l'opinion publique de la gravure et de ses progrès ? Par suite d'une vieille habitude ou d'un respect traditionnel pour les exemples du passé, on envoie encore des graveurs séjourner durant quelques années à la villa Médicis, sans se demander si c'est à Rome que se trouvent maintenant les maîtres de l'art, et quels avantages précis retireront de ce séjour des hommes qui n'ont nullement besoin de s'inspirer pour leurs travaux de la nature et du ciel de l'Italie. On facilite, il est vrai, par des secours d'argent la publication de quelques grands ouvrages à figures ; mais l'administration ne remplit ainsi que le rôle d'un souscripteur plus libéral que les autres, et ne donne qu'une impulsion de seconde main à des entreprises dont elle se réservait autrefois la pensée et l'exécution tout entières. C'est aux éditeurs de profession qu'elle abandonne presque toujours le soin de publier les estampes, même les plus importantes, et l'esprit de spéculation tend à se substituer ainsi à sa haute influence. Combien de planches d'histoire éditées de nos jours aux frais de l'état sont venues s'ajouter aux quatre mille cuivres que possède la calcographie des Musées ; et qu'aura-t-on fait pour enrichir d'œuvres modernes ce trésor des œuvres gravées jadis par ordre des souverains qui se sont succédé en France ?

Il ne faut voir toutefois dans ce mode de protection un peu froide rien de plus qu'une cause accessoire, du mal, et l'on aurait grand tort d'attribuer à l'intervention administrative une puissance de guérison

II. – GRAVURE A L'AQUA-TINTE, GRAVURE SUR BOIS...

qu'en somme elle ne possède pas. Ce qui fait le mal avant tout, c'est notre propre indifférence ; ce qui le rend irrémédiable peut-être, c'est le mouvement de nos idées et de nos goûts. L'époque actuelle, féconde en perfectionnements industriels, et, dans le domaine de l'art, en talents faciles, ne peut s'intéresser à des travaux qui démentent à la fois l'autorité des progrès mécaniques et le prix d'une habileté superficielle. Las de voir l'admiration dévier et se porter sur des objets secondaires, peut-être les graveurs en taille-douce renonceront-ils à protester contre des erreurs universellement partagées, et finiront-ils par succomber dans la lutte où ils sont engagés aujourd'hui. Si la gravure au burin est en effet condamnée à devenir incompatible avec nos mœurs, reconnaissons au moins qu'elle aura péri avant d'être tombée en décadence. Il est donc juste d'honorer pleinement les talents qui vivifient encore notre école, les hommes qui, même à présent, continuent ses nobles traditions, dussions-nous saluer en eux les derniers représentants d'un art qui serait relégué bientôt à côté d'autres témoignages du passé et d'autres souvenirs de gloire.

Rassurons-nous cependant. Il n'en peut être jamais de la gravure comme de la peinture sur verre, de la peinture sur émail ou en mosaïque et d'autres procédés aujourd'hui hors d'usage. La marche des siècles les a anéantis parce qu'ils ne satisfaisaient plus, soit aux exigences mobiles de la mode, soit aux progrès de la civilisation. Chaque recette de fabrication une fois perdue, ce n'était pas, à vrai dire, un art qui disparaissait de l'ensemble des connaissances humaines, c'était un moyen matériel abandonné pour des moyens meilleurs ou tout au moins équivalents. La gravure ne saurait être assimilée à des procédés de ce genre. Son existence ne dépend ni d'un secret bien ou mal transmis, ni d'innovations introduites dans les formes du travail. Quoi qu'il arrive, elle n'a pas plus à craindre les découvertes mécaniques à venir que les découvertes déjà faites. La gravure répond à un besoin éternel de l'intelligence, et non aux besoins passagers d'une époque ; elle est sûre de vivre, en dépit de notre injustice actuelle et de nos entraînements, parce que, du jour où on la supprimerait, il faillirait, pour être logique jusqu'au bout, supprimer aussi la peinture et la statuaire, et remplacer les œuvres de l'une par celles du daguerréotype, les œuvres de l'autre par celles du mouleur. Le burin, comme le pinceau et l'ébauchoir, est avant tout un instrument de la pensée, et, Dieu merci, nous n'en viendrons jamais à renier absolument l'art pour ne plus croire qu'au fait, à préférer au sentiment de l'artiste le savoir-faire de l'ouvrier ou la stérile fécondité d'une machine.

Henri Delaborde

On ne saurait donc s'inquiéter outre mesure de la situation précaire, mais non désespérée, où se trouve aujourd'hui la gravure. L'attitude même de notre école, les travaux qui s'accomplissent, n'autorisent-ils pas d'autre part un espoir sérieux ? L'école française, si réduite qu'elle soit, est plus riche en talents qu'aucune autre : trouvera-t-on ailleurs des maîtres comme MM. Desnoyers et Henriquel-Dupont, des élèves de la force de M. François ? Elle n'a plus, nous l'avons dit, l'unité de physionomie qui la caractérisait autrefois ; mais à défaut de système unanimement admis, elle a encore la force qui lui donnent l'émulation, l'habitude de L'effort et la conscience de ses progrès. Qui sait même ? Peut-être l'indifférence où nous laissent ces progrès et ces efforts est-elle pour les graveurs un stimulant plus vif que ne le serait l'excès de la faveur et du succès. Les encouragements multipliés ne font pas naître toujours les belles œuvres, et le talent devient quelquefois plus vivace et plus sain quand il lui faut conquérir pied à pied la place qu'en d'autres temps on lui eût accordée de plein droit. La prodigalité des derniers Médicis enfantait la décadence de l'art florentin, tandis que l'aveuglement des hommes du XVIIe siècle irritait en France le génie de Poussin et lui donnait une vigueur nouvelle. Il semble qu'à leur tour les graveurs contemporains doivent s'aider de notre froideur même et s'exciter de notre injustice. Etrange secours pourtant, et dont personne ne voudrait poser en principe l'efficacité ! D'ailleurs est-ce assez que d'opposer à nos préventions une inébranlable constance, et de continuer invariablement les exemples du passé ? Suffit-il d'entreprendre et de poursuivre des travaux de gravure en vertu d'une tradition inflexible, et ne devrait-on pas songer aussi à leur donner quelque intérêt actuel ? Si les graveurs respectaient moins obstinément les limites où ils circonscrivent leur art ; si, au lieu de se renfermer dans des habitudes, ils entraient dans une voie de recherches nouvelles, il est probable qu'on ne refuserait plus à leurs ouvrages l'attention et l'estime qu'ils méritent. Que les hommes habiles qui manient aujourd'hui le burin changent donc, non pas de méthode d'exécution, mais de modèles ; qu'au lieu de tableaux gravés déjà par plusieurs générations d'artistes, ils choisissent pour les interpréter des tableaux moins universellement connus et reproduits. Tout en se rattachant aux précédons de l'école française par le caractère des intentions et le sérieux de la manière, ils ne demeureront plus isolés du mouvement de l'époque : on ne leur disputera plus une place légitime parmi les talents qui honorent noire temps et notre pays, et l'art de la gravure, restauré et rajeuni par le succès, triomphera, il faut l'espérer, des obstacles que lui auront momentanément suscités les erreurs du goût, l'abus des procédés mécaniques et les envahissements de l'industrie.

NOTES

1.   Livraisons de la Revue des 1er et 15 décembre 1850, du 1er janvier 1851.

2.   Paris, chez Goupil et Co, boulevard Montmartre.

3.   Paris, chez Furne et Perrotin, rue de la Fontaine-Molière, 41.

4.   Chez Goupil et Co, boulevard Montmartre.

5.   Paris, chez Renouard et Ce, rue de Tournon, 6.

6.   Ainsi, aucun homme ami des arts ne sera tenté d'accuser les progrès récents de la photographie, auxquels on doit la reproduction des estampes de Marc-Antoine. Il faut au contraire savoir gré à M. Benjamin Delessert du moyen qu'il a trouvé de rééditer ces estampes admirables, et de la popularité qu'il donne à des chefs-d'œuvre dont la possession était jusqu'ici le privilège d'un petit nombre d'amateurs. M. Dolessert, que ses goûts et son expérience d'iconophile éloignaient de reste de toute méprise sur la portée et les vraies ressources du procédé, a fait de la photographie un auxiliaire puissant de la gravure, mais il n'a nullement prétendu la substituer à celle-ci ; ce n'est pas, à coup sûr, quand elle est appliquée à de pareils objets, que la photographie peut devenir un dissolvant de l'art et du goût.

ISBN : 978-1547265299

Henri Delaborde